① 화재 편

생능출판

엔트리 코딩 탐정단 1 화재 편

초판인쇄　2021년 7월 27일
초판발행　2021년 8월 3일

지은이 | 박정호, 문찬규, 임우열, 강태준
펴낸이 | 김승기
펴낸곳 | ㈜생능출판사 / **주소** | 경기도 파주시 광인사길 143
출판사 등록일 | 2005년 1월 21일 / **신고번호** 제406-2005-000002호
대표전화 | (031) 955-0761 / **팩스** (031) 955-0768
홈페이지 | www.booksr.co.kr

책임편집 | 유제훈 / **편집** 신성민, 양둥글, 권소정 / **디자인** 디자인86
마케팅 | 최복락, 심수경, 차종필, 백수정, 최태웅, 명하나, 김범용
인쇄 | 성광인쇄(주) / **제본** | 일진제책사

ISBN 978-89-7050-497-1 77000
값 15,000원

- 이 책의 저작권은 (주)생능출판사와 지은이에게 있습니다. 무단 복제 및 전재를 금합니다.
- 잘못된 책은 구입한 서점에서 교환해 드립니다.

머리말

"컴퓨터는 놀랄 만큼 빠르고 정확하지만,
 대단히 멍청하다."

이 말은 전 세계에서 가장 유명한 물리학자 중 한 명인 알베르트 아인슈타인이 한 말이에요. 컴퓨터에 비해 사람은 놀랄 만큼 느리고 부정확하지만, 대단히 똑똑하답니다. 만약, 이 둘이 힘을 합치면 얼마나 큰 힘을 가지게 될까요? 아마도 우리가 상상할 수 없을 만큼 큰 힘을 가지게 될 것입니다.

내가 원하는 영상을 언제든 보여주고, 온갖 게임을 할 수 있고, 세상의 모든 지식을 검색할 수 있을 것 같은 스마트폰을 비롯한 컴퓨터를 사람들은 만능 기계라고 생각할 수도 있어요. 하지만 사실 컴퓨터는 사람이 시킨 일 이외에는 아무것도 할 수 없는 기계일 뿐이랍니다.

그럼 알파고처럼 사람을 이긴 인공지능은 뭐냐고요? 인공지능은 '대단히 멍청한' 컴퓨터가 '대단히 똑똑한' 사람처럼 일을 처리할 수 있도록 만든 것이지요. 높은 지능을 가진 사람의 장점과 엄청나게 빠른 속도로 일을 처리할 수 있는 컴퓨터의 장점을 합쳐놓은 것이라고 할 수 있어요. 그래서 앞으로 인공지능이 우리들의 일상생활 모습을 크게 바꿔놓을 것이라고 모두 예상하고 있어요.

어쨌든 컴퓨터라는 기계가 엄청난 능력을 가지고 있다는 것은 분명한 사실이에요. 그럼 이런 컴퓨터를 자유자재로 활용할 수 있다면 어떨까요? 마치 마법사가 된 것처럼 내가 상상했던 일을 모두 이룰 수 있을지 몰라요. 자율주행차나 스마트홈처럼 미래 사회에서는 우리 생활 곳곳에서 컴퓨터 프로그램이 사용될 것이니 컴퓨터 프로그램을 잘할 수 있다는 것은 엄청난 힘을 가질 수 있다는 것과 같은 뜻이 될 수 있을 거예요.

엔트리란?

우리는 다른 사람과 소통하기 위해 언어를 사용하듯 컴퓨터와 소통하고 원하는 대로 컴퓨터를 활용하기 위해서도 언어가 필요해요. 이런 언어를 프로그래밍 언어라고 하지요. 하지만 일반적인 프로그래밍 언어는 여러분들에게 무척 어렵게 느껴질 수 있어요. 그래서 누구든 쉽게 컴퓨터 프로그래밍 언어를 사용할 수 있도록 만든 것이 바로 '교육용 프로그래밍 언어'랍니다. 세종대왕이 한글을 창제하여 많은 백성이 글을 깨우쳤듯 교육용 프로그래밍 언어를 통해 우리 학생들도 컴퓨터와 쉽게 소통하고 원하는 대로 컴퓨터를 다룰 수 있게 될 것입니다.

'엔트리(entry)'는 우리나라에서 가장 많이 사용되고 있는 교육용 프로그래밍 언어 중 하나랍니다. 컴퓨터 프로그램을 만들기 위한 명령어들이 블록 형태로 구성되어 있고, 그중 내가 원하는 블록들을 차례로 연결하면 그에 따라 프로그램이 실행되지요. 몇 번의 마우스 드래그로 프로그램 하나를 쉽게 만들 수 있는 것이죠. 엔트리에 있는 명령들은 간단해 보일 수 있지만, 이 명령어들을 어떻게 조합하는가에 따라 무궁무진한 컴퓨터 프로그램을 만들 수도 있어요.

그리고 여러분이 만든 프로그램이 우리 생활에 도움을 주거나 엄청난 변화를 만들어 낼 수도 있답니다. 지금은 전 세계적으로 널리 사용되고 있는 페이스북도 사실 미국의 한 대학교 기숙사에서 사용하기 위한 프로그램으로 만들어졌으니까요.

여러분도 페이스북을 만든 마크 저커버그나 애플의 창업자 스티브 잡스가 될 수 있는 충분한 잠재력을 가지고 있으니까요.

이 책의 주요 내용

　코딩 탐정단 타미, 정이, 준이 세 친구가 코딩을 활용해서 생활 속에서 부딪히는 문제를 해결해나가는 내용으로 구성되어 있어요. 제1권 화재편에는 엔트리를 활용할 수 있는 기초적인 여러 가지 배움 미션과 도전 미션이 가득 들어 있어요.

　정이네 스마트 하우스에 놀러 간 타미, 정이, 준이는 코드블랙이 정이의 집을 해킹하여 어떤 물건을 훔쳐 간 것을 발견합니다. 이에 놀란 아이들은 문제를 해결하기 위해, 엔트리 탐정에게 연락합니다.

　엔트리 탐정과 함께 사건의 실마리를 하나씩 풀어나가던 타미, 정이, 준이는 범인을 좁혀나가게 되지요. 결국, 범인으로 의심되는 사람이 정이 아빠인 김 박사와 함께 일했던 연구원임을 알아차리게 된 세 친구는 연구소로 가게 돼요.

　한편, 연구소는 이미 코드블랙의 해킹으로 혼란에 빠져 있었고, 코드블랙은 인공지능 로봇의 운영체제를 훔치려고 합니다.

　서버실에서 김 박사는 코드블랙과 마주치게 되고, 코드블랙은 서버 컴퓨터에 화재를 발생시키고 도망갑니다. 타미와 친구들은 이 위험한 화재를 어떻게 해결할까요? 타미, 정이, 준이와 함께 떠날 엔트리 대탐험, 기대되지 않나요?

　그럼 지금부터 여러분을 코딩 탐정단의 첫 번째 이야기 화재편의 세계로 초대합니다.

목차

❶ 정이네 스마트 하우스　　　　　　　　　　　　　　　9

❷ 사라진 범인은 어디에?　　　　　　　　　　　　　　16

❸ 고장 난 CCTV　　　　　　　　　　　　　　　　　31

❹ 하나의 단서로 용의자를 추적하라　　　　　　　　　40

❺ 코드블랙의 실체　　　　　　　　　　　　　　　　　48

❻ 긴급 대피 방송　　　　　　　　　　　　　　　　　60

❼ 화재진압시스템의 에러　　　　　　　　　　　　　　66

❽ 코드블랙은 어디에?　　　　　　　　　　　　　　　74

❾ 화재경보기 만들기 with 마이크로비트　　　　　　　81

❿ 에필로그　　　　　　　　　　　　　　　　　　　　87

코딩워크북

Ⅰ. 엔트리 알아보기   91

Ⅱ. 배움 미션   97
1. 순서대로 장면 배열하기   98
2. 사라진 물건 찾기   102
3. 하나의 단서로 범인 찾기   106

Ⅲ. 도전 미션   111
1. 긴급 대피 방송 만들기   112
2. 화재진압시스템 오류 수정   116
3. 위치추적시스템 만들기   120

[메이커] 마이크로비트 화재경보기 만들기   124

Maker Space

마이크로비트 화재경보기 만들기를 코딩하기 위해서는 마이크로비트 단품이 필요합니다.
디바이스 마트(https://www.devicemart.co.kr) 사이트나 네이버 쇼핑에서 마이크로비트를 검색하여 단품만 구매하면 됩니다.

등장인물

타미
호기심 많은 6학년 소년. 덜렁대는 성격이지만 용감하고 모든 일에 열정적이다. 정이, 준이와 함께 코드블랙을 쫓고 있다.

정이
타미의 친구. 차분하고 논리적이다.
어느 날 집에 도둑이 들면서 사건에 휘말린다.

준이
맛있는 음식을 사랑하는 평범한 소년.
뭔가를 먹고 있는 순간에 특별한 능력이 솟아난다.

김 박사
정이의 아빠. 로봇연구소에서 연구책임자로 일한다.
연구소에 화재가 발생하고 핵심 부품이 사라지는 사건이 잇달아 발생하여 곤경에 처한다.

코드블랙
인공지능으로 세상을 지배하려는 야심을 지닌 인물.
로봇연구소의 핵심 기술을 훔쳐 인공지능 로봇을 만들려고 한다.

엔트리 탐정
코딩으로 사건을 해결하는 스마트 탐정.

AID
탐정 사무소의 인공지능 탐정 로봇.

미미
정이네 집에서 사용하는 홈 케어 로봇.

정이네 스마트 하우스

*사물 인터넷(IoT; Internet of Thing)은 사람과 사물, 사물과 사물이 인터넷으로 연결되어 정보를 생성하거나 수집하여 공유하고 활용하는 기술을 말한다.

자율주행 자동차란?

자율주행 자동차는 운전자의 조작 없이 자동으로 주행할 수 있는 자동차예요. 미래 사회가 주목하는 기술로써 현재 전 세계의 자동차 생산 기업뿐만 아니라 구글이나 애플 같은 IT기업들도 연구·개발에 앞장서고 있답니다.

우와! 스스로 움직이라는 자동차라니 정말 신기해요! 자율주행 자동차는 어떻게 스스로 움직일 수 있는 거죠?

자율주행 자동차의 시스템은 카메라와 여러 가지 센서로 도로와 주변 상황에 대한 정보를 받아들이고 소프트웨어가 그 정보들을 처리하는 방법으로 구축됩니다. 그래서 자율주행 자동차가 상용화되기 위해서는 높은 수준의 하드웨어와 소프트웨어가 필요하죠.

그런데 얼마 전 자율주행 자동차의 사고 소식을 뉴스로 본 적 있어요. 자율주행 자동차를 믿고 탈 수 있는 건가요?

자율주행 자동차에서도 무엇보다 안전이 중요해요. 그래서 도로 상황을 실시간으로 파악하고, 돌발 상황에도 빠르게 대처할 수 있는 기능을 계속 연구하고 있답니다.

어쨌든 일단 사람이 운전하지 않고 스스로 길을 가는 자동차가 있으면 좋은 점이 많을 것 같아요.

 맞아요. 장애인이나 노인들도 쉽게 자동차를 이용할 수 있게 되고, 특히 운전자의 부주의로 일어나는 대부분의 교통사고를 예방하는 데에도 큰 도움이 될 거예요.

그런데 자율주행 자동차가 꼭 좋은 것만은 아닐 것 같아요. 자율주행 자동차로 인한 문제점이 생기진 않을까요?

 좋은 질문이에요. 자율주행 자동차로 인해 버스나 택시, 화물차 운전기사들의 직업은 완전히 사라질 가능성이 큽니다. 그리고 정이가 얘기했듯이 자율주행 자동차라고 해서 100% 안전하다고 할 수 없습니다.

만약 자율주행 자동차 사고가 나게 되면 누구에게 책임이 있는 거죠?

 사실 자율주행 자동차 사고의 경우 책임이 누구에게 있는가에 대해서도 아직 제도적 뒷받침이 부족한 상황입니다. 그리고 트롤리 딜레마에 대한 논의도 계속되고 있지요.

트롤리? 롤리롤리 과자는 들어봤는데….

 건널목에 성인과 어린이가 있고, 자동차는 둘 중 한 명과 충돌을 피할 수 없다면 어떻게 해야 할까요? 이렇게 사고를 피할 수 없는 상황에서 자동차가 어떤 판단을 하게 될지 윤리적으로 고민해보는 문제가 바로 트롤리 딜레마입니다. 모럴머신 사이트에서 직접 체험해보세요.

모럴머신 사이트 QR코드
(http://moralmachine.mit.edu/hl/kr)

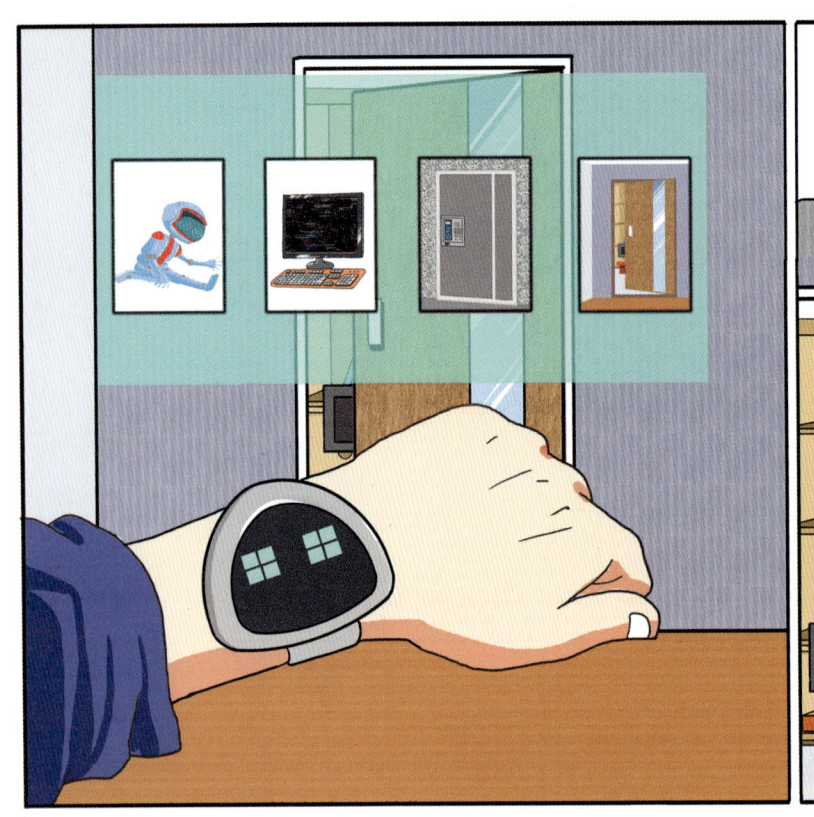

엔트리는?

잠깐! 먼저 엔트리가 무엇인지 알아봐야겠죠?
엔트리 사이트(https://playentry.org/)에서는 생각하기, 만들기, 공유하기, 커뮤니티 기능을 제공하고 있습니다.

코딩 말고도 다양한 기능이 있네요. 하나씩 알려주세요.

먼저 '생각하기'부터 알아봅시다. 생각하기는 초보자도 흥미롭게 소프트웨어의 원리를 배울 수 있는 공간입니다. 생각하기의 미션을 한 단계 한 단계 수행해보면 자연스럽게 코딩능력을 향상시킬 수 있어요.

- 엔트리 학습하기 -
주제별, 학년별 학습 과정을 통해
차근차근 소프트웨어를 배울 수 있습니다.

- 교과서 실습하기 -
초등 교과서에 수록된 활동을 그대로
만들어볼 수 있도록 안내하고 있습니다.

'만들기'는 블록 코딩으로 초보자도 쉽게 자신만의 창작물을 만들 수 있는 공간입니다. 앞으로 우리가 많이 사용하게 될 거예요. 또한 블록 코딩과 텍스트 코딩의 중간 역할을 하는 '엔트리 파이썬' 모드에서는 텍스트 코딩 언어의 구조와 문법을 자연스럽게 익힐 수 있습니다.

- 기본형 만들기 -
엔트리의 모든 기능을 사용할 수 있어요
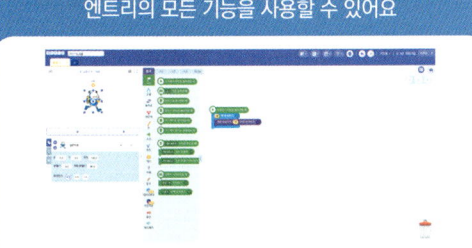

- 교과형 만들기 -
교과 내용에 맞게 블록이 최적화되어 있어요.

▶ '만들기'에 대한 자세한 내용은 92쪽을 확인해 주세요.

'공유하기'는 엔트리를 통해 제작한 작품을 다른 사람들과 공유할 수 있는 공간입니다. 공유된 작품은 코드를 어떻게 구성했는지 살펴볼 수 있고, 또한 이를 발전시켜 자신만의 작품을 만들 수도 있습니다.

잠깐! 작품을 공유할 때는 인터넷 윤리를 잘 지켜야 해요. 폭력적이거나 선정적인 게시물같이 인터넷 윤리에 어긋나는 작품은 공유를 삼가고, 다른 사용자를 비방하는 글을 올리면 안 돼요.

그리고 저작권과 초상권, 다른 사용자의 개인정보도 소중하게 여겨야겠죠?

맞아요. 또한 인터넷 윤리에 대해 잘 아는 것만큼 실천하는 것이 중요하다는 걸 명심해 주세요.

탐정 선생님, 이번에는 공유하기 기능의 스터디 공유하기에 대해서도 알려주세요.

스터디 공유하기는 내가 만든 작품을 다른 사람들이 더욱 쉽게 따라 만들 수 있도록 안내하는 강의 기능입니다. 물론 다른 사람이 만든 작품을 스터디 공유하기에서 확인하고 따라 만들 수도 있어요.

우와! 우리 같이 엔트리 초보자들에게는 스터디 공유하기 기능이 큰 도움이 되겠어요.

스터디 공유하기를 통해 여러분의 프로그래밍 실력이 쑥쑥 향상되는 그 날을 기대해 볼게요.

순서대로 장면 배열하기

 AID! 엔트리 '만들기'를 실행해줘.

코딩을 위한 엔트리 투명 디스플레이를 켭니다.

실행 화면

코딩 화면
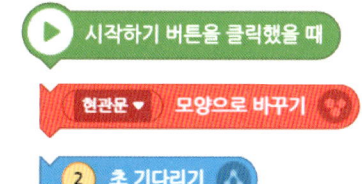

 AID! 어떤 코드를 만들어야 할지 다시 확인해줘.

아이들이 발견한 4개의 장면을 순서대로 실행해야 합니다.

 ➡  ➡  ➡

장면을 바꾸려면
모양 바꾸기 블록을 써야 합니다.

장면이 바뀌는 것을 눈으로 확인하려면
2초 기다리기 블록도 필요합니다.

네 개의 장면을 순서대로
실행하려면 블록의 장소도
변경해야겠네요?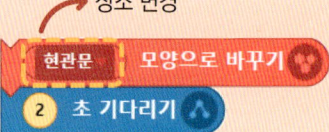

코드를 완성했어요!

그럼 실행해서 확인해보자.

완성 작품 (QR코드)

완성 작품 (웹주소)

http://m.site.naver.com/0Kv99

엔트리 코딩 학습(미션) 안내 : 98페이지를 확인하세요.

고장 난 CCTV

사라진 물건 찾기

코딩 안내

AID! 우리가 해야 할 것을 보여줘.

돋보기를 클릭하면 달라진 그림을 구분할 수 있도록 코딩해야 합니다.

실행 화면

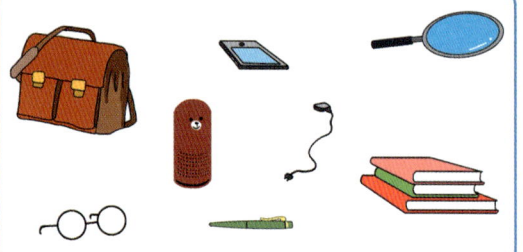

코딩 화면

시작하기 버튼을 클릭했을 때

AID! 어떤 코드가 필요한지 알려줘.

두 가지 핵심 코드가 필요합니다.

돋보기가 마우스를 따라다니게 할 수 있는 블록이 필요합니다.

마우스포인터 ▼ 위치로 이동하기

없어진 물건을 구분할 수 있는 블록이 필요합니다.

클릭하면 스캔하기

블록을 이렇게 연결하면 되겠어!

이렇게 코딩하면 한 번만 작동하고 멈춥니다. 계속 작동할 수 있게 수정이 필요합니다.

클릭할 때마다 스캔하려면 '계속 반복하기' 블록을 넣어주세요.

코드 완성!

엔트리를 실행하며 직접 만년필을 클릭해보세요.

완성 작품 (QR코드)

완성 작품 (웹주소)

http://m.site.naver.com/0Kv9j

엔트리 코딩 학습(미션) 안내 : 102페이지를 확인하세요.

하나의 단서로
용의자를 추적하라

개인정보 보호와 CCTV 열람

탐정 선생님~ 그런데 정이 집에 있는 CCTV는 그렇다 치더라도 많은 사람이 다니는 거리에 찍힌 사람들을 마음대로 볼 수 있는 건가요? 개인정보인가 뭔가 요즘 그게 아주 중요하다고 하던데요.

좋은 질문이네요. 여러분도 개인정보와 CCTV 열람에 대해 상식으로 알아두면 좋을 거예요. AID, 개인정보에 대한 설명을 부탁해.

개인정보는 '살아있는 개인에 관한 정보로서 성명, 주민등록번호 및 영상 등을 통해 개인을 알아볼 수 있는 정보'를 말합니다(출처 : 개인정보 보호법 제2조).

그럼 개인을 알아볼 수 없는 정보라면 개인정보가 아니겠네요

반드시 그런 것은 아닙니다. 해당 정보만으로는 특정 개인을 알아볼 수 없더라도 다른 정보와 쉽게 결합하여 알아볼 수 있다면 이것 또한 개인정보에 해당합니다.

CCTV 열람은 누구나 할 수 있는 건가요?

CCTV(영상정보 처리장치)에 찍힌 개인 영상정보의 열람이나 삭제를 원하면 영상정보처리기기 운영자에게 요구할 수 있습니다. 하지만 촬영된 개인 영상정보 열람은 명백히 급박한 생명, 신체, 재산의 이익을 위해 필요한 경우로 제한하고 있습니다.

우리 집에 누군가 무단으로 침입했으니 재산의 이익을 위해 필요한 경우라면 CCTV 열람을 충분히 요구할 수 있겠네요.

맞아요. 어서 CCTV를 확인해서 용의자를 찾아봅시다.

하나의 단서로 범인 찾기

 AID! 코트를 입은 사람만 골라낼 수 있도록 도와줘.

CCTV에 찍힌 사람 정보를 모두 모았습니다.

실행 화면

코딩 화면

▶ 시작하기 버튼을 클릭했을 때

 AID! 코트를 입은 사람만 골라내기 위해 필요한 코드를 알려줘.

두 가지 핵심 코드가 필요합니다.

 조건을 판단할 수 있는 블록이 필요합니다.

만일 참 이라면

입고 있는 옷의 조건을 판단할 수 있는 블록이 필요합니다.

'대답' 기능을 이용하려면 이 블록이 필요하지.

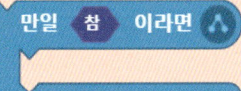

'만일 참이라면' 조건 블록에

'입고 있던 옷=대답' 블록을 넣고

범인이 입은 옷을 입력하면, 입력한 옷을 입은 사람을 골라낼 수 있다는 거죠?

맞습니다. 그리고 코트를 입은 용의자를 찾아내면 '범인 찾음 모양으로 바꾸기' 블록을 실행시키면 됩니다.

코드 완성!

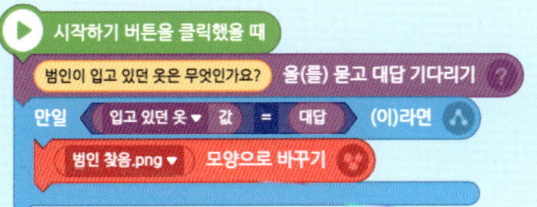

여러분도 확인해보세요. 대답에 '코트'를 입력하면 범인을 찾을 수 있습니다.

완성 작품 (QR코드)

완성 작품 (웹주소)

http://m.site.naver.com/0Kv9r

엔트리 코딩 학습(미션) 안내 : 106페이지를 확인하세요.

코드블랙의 실체

N로봇 연구소

오랜만이군.

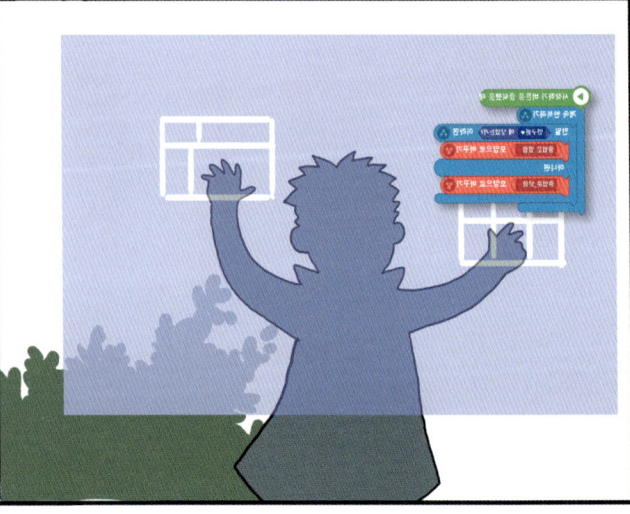

긴급 대피 방송 만들기

 좋아! 시작해보자.

먼저 대피 방송에 필요한 멘트를 정하세요.

 사람들이 쉽게 알아들을 수 있어야 하니까 짧고 간결한 문장으로 하자.
　　지금 화재가 발생했습니다.
　　▼
　　신속히 대피해주시기 바랍니다.

방송을 하려면 어떤 블록을 사용해야 할까?

 인공지능-AI 블록 불러오기-읽어주기 블록을 활용할 수 있습니다.
이 블록은 입력된 문자 값을 설정된 목소리로 읽어주는 기능이 있습니다.
　　▶ 시작하기 버튼을 클릭했을 때
　　　지금 화재가 발생했습니다. 읽어주기
　　　신속히 대피해주시기 바랍니다. 읽어주기

엄청 간단하잖아. 역시 난 코딩에 소질이 있나 봐.

 블록 사이에 '기다리기' 블록을 넣어야 해. 그렇지 않으면 두 문장을 거의 동시에 읽어주게 되는걸.

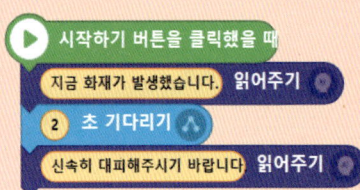

그렇구나. 아직 더 배워야겠어.

 이제 방송을 시작할까요?

잠깐만! 모든 사람이 듣고 대피할 수 있도록 방송을 두 번 하는 건 어때?

 좋은 생각입니다. 두 번 실행을 위해 반복하기 블록 사용을 추천합니다. 입력한 횟수만큼 감싸고 있는 블록들을 반복 실행합니다.

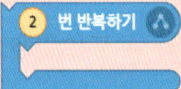

이제 완성된 것 같아. AID! 방송을 시작해줘.

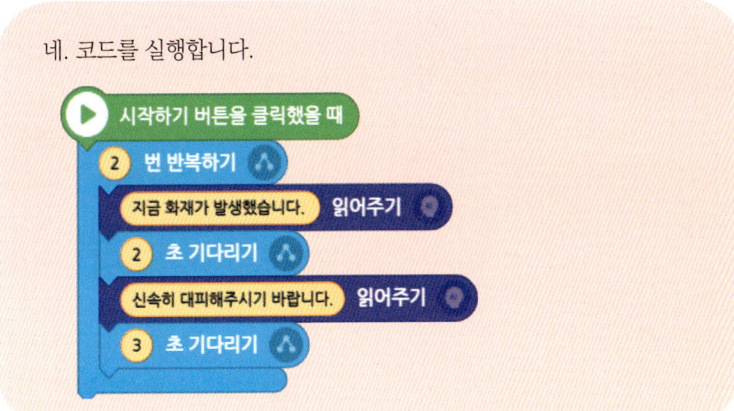

네. 코드를 실행합니다.

대피 방송이 나오기 시작했어!

완성 작품 (QR코드)

완성 작품 (웹주소)

http://m.site.naver.com/0Kv9D

엔트리 코딩 학습(미션) 안내 : 112페이지를 확인하세요.

 # 화재진압시스템 오류 수정

스프링클러의 엔트리 코드를 찾았습니다.

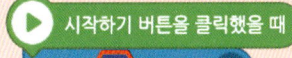

오류를 확인하세요

왜 오류 코드가 나타나는 거지?

조건 블록에서 오류가 발견되었습니다.

화재진압시스템이 언제 작동되어야 하는지에 대한 조건이 빠져있어.

온도 ▼ 값 > 50
온도 값 블록은 자료에 있는 변수

온도가 50℃보다 높으면 작동 신호를 보내도록 조건을 만들자.

 완성! AID, 코드를 실행시켜줘.

코드를 실행합니다.

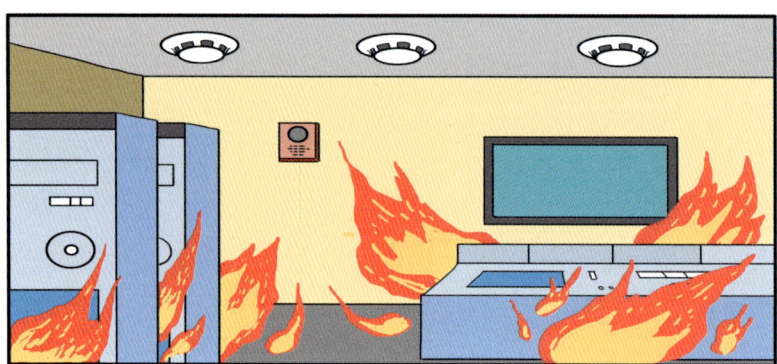

 뭐야? 왜 그대로지?

분명 오류 코드를 수정했는데….

 반복 블록을 넣어야 하나?

그렇습니다. 화재 발생 여부를 지속적으로 확인하기 위해서는 계속 반복하기 블록을 사용해야 합니다.

 이걸 깜빡하다니.

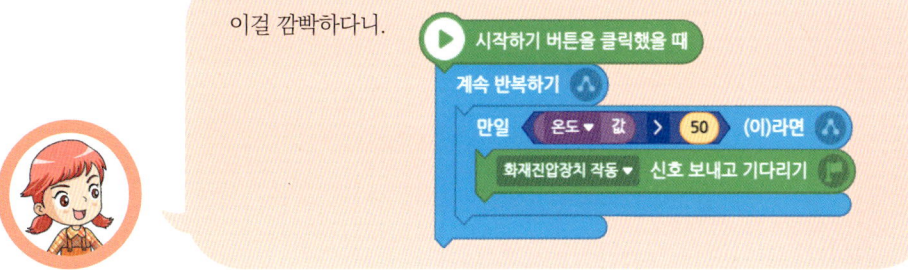

코드를 다시 실행합니다.

 우리가 해냈어!

이번에도 내가 한 건 했지?

완성 작품 (QR코드)

완성 작품 (웹주소)

http://m.site.naver.com/0Kv9P

엔트리 코딩 학습(미션) 안내 : 116페이지를 확인하세요.

코드블랙은 어디에?

고맙다 얘들아. 너희들이 연구소를 지켰어.

그나저나 코드블랙이 어디로 숨었는지 걱정이구나.

코드블랙이요?

혹시 예전에 아빠랑 함께 일했던 남 박사 아저씨요?

맞아. 그런데 예전의 모습이 아니었어.

*GPS는 Global Positioning System의 약자로 위성에서 보내는 신호를 받아 사용자의 현재 위치를 계산하는 위성항법시스템을 말한다.

 ## 위치추적 시스템 만들기

 위치 추적 장치 프로그램을 만들려면 먼저 좌표를 이해해야 해.

좌표는 직선이나 평면, 공간에서 특정 위치를 나타내기 위해 사용되는 값입니다.

 맞아. 좌표에서는 X축의 눈금과 Y축의 눈금을 이용하여 위치를 나타낼 수 있어.

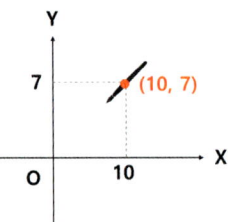

 그럼 여기에서는 만년필 위치가 (10, 7)이 되는 거네요.

엔트리에서도 좌표를 사용하고 있습니다.

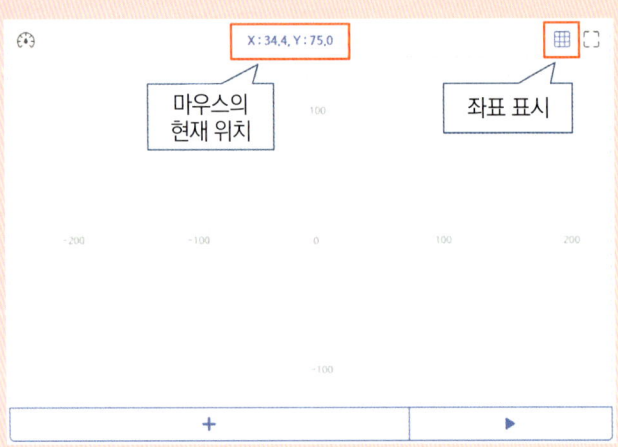

마우스의 현재 위치

좌표 표시

AID! 좌표를 활용하려면 어떤 블록을 사용해야 할까?

다양한 블록에서 좌표가 사용되지만, 이번에는 이 블록을 추천합니다.

코드블럭▼ 의 x좌푯값▼

선택한 오브젝트의 각종 정보의 값을 나타냅니다.
(x 좌표, y 좌표, 방향, 이동 방향, 크기 등)

그럼 '글상자' 오브젝트를 추가해서 이 블록의 값이 계속 나타나도록 해보자.

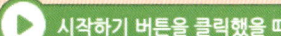

이렇게 '글쓰기' 블록을 활용하면 간단하게 성공!

이번에는 '계속 반복하기' 블록을 잊지 않았구나.

y 좌표도 같은 방법으로 블록을 만들 수 있겠어.

단, '글상자' 오브젝트는 각각 사용해야 하는 것을 명심하세요.

우와~! 만년필의 위치가 나타나고 있어.

코드블랙아, 기다려라! 우리가 간다.

완성 작품 (QR코드)

완성 작품 (웹주소)

http://m.site.naver.com/0Kva0

엔트리 코딩 학습(미션) 안내 : 120페이지를 확인하세요.

화재경보기 만들기
with 마이크로비트

화재경보기를 만들기 위해서는
온도 센서 기능이 있는
마이크로비트를 추천합니다.

그리고 마이크로비트는
중앙서버와 분리되어 있어
해킹에도 안전합니다.

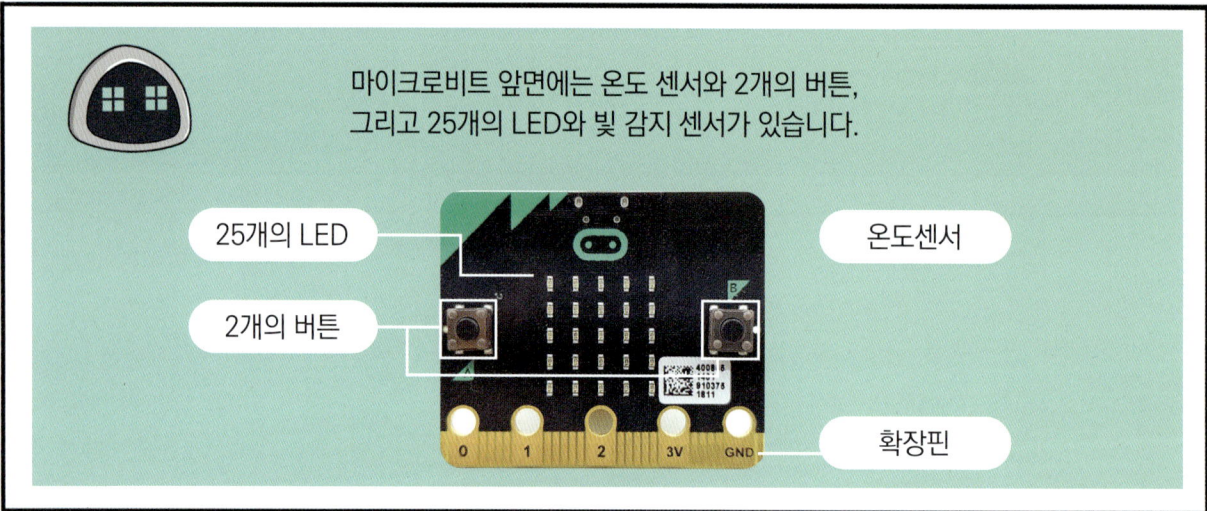

마이크로비트 앞면에는 온도 센서와 2개의 버튼,
그리고 25개의 LED와 빛 감지 센서가 있습니다.

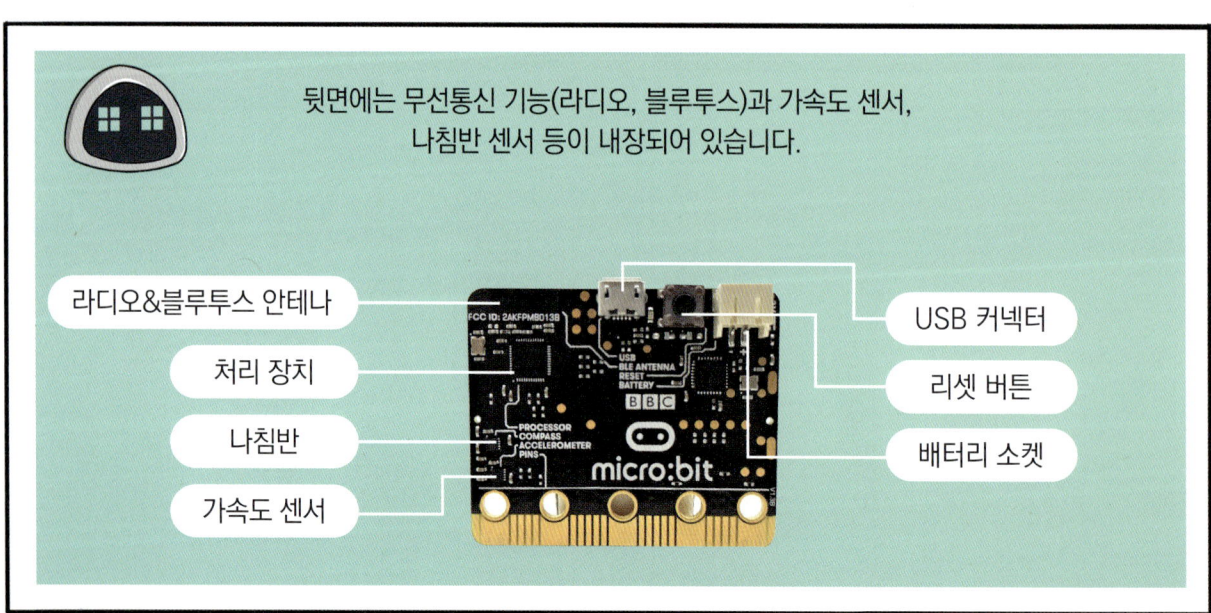

뒷면에는 무선통신 기능(라디오, 블루투스)과 가속도 센서,
나침반 센서 등이 내장되어 있습니다.

마이크로비트 화재경보기

연결 성공. 하드웨어-마이크로비트 블록 사용이 가능합니다.

마이크로비트를 연결하니 하드웨어 확장 블록들이 너무 많아졌어.

우리는 온도 센서와 관련된 블록을 사용해야 해!

온도 센서값 블록을 활용해보세요.

화재진압장치처럼 50℃가 넘으면 작동하도록 만들었어.

사람들에게 경고메시지와 경고음을 보내주는 것도 필요하지.

다음 블록들을 활용해보세요.

불이 나면 'Hello!' 대신 'Fire!'라는 경고메시지를 출력하고, 평상시에는 '하트' 대신 '행복함' 아이콘을 출력해볼래.

불이 나지 않은 상황에서 시험해보려면 온도 센서값 조정이 필요합니다.

 현재 실내온도가 28℃이니까 기준온도를 25℃로만 해도 작동하겠네. 그럼 '온도 센서값을 25'로 바꾸고 시험해보면 되겠다.

화재경보기가 정상 작동됩니다.

드디어 화재경보기를 완성했어!

완성 작품 (QR코드)

완성 작품 (웹주소)

http://m.site.naver.com/0Kva4

엔트리 코딩 학습(미션) 안내 : 124페이지를 확인하세요.

코딩워크북

코딩워크북

Ⅰ. 엔트리 알아보기

엔트리 알아보기

사건을 해결하자

엔트리(playentry.org)는 누구나 무료로 소프트웨어 교육을 받을 수 있게 개발된 비영리 소프트웨어 교육 플랫폼입니다. 학생들은 소프트웨어를 쉽고 재미있게 학습하고, 교사나 강사는 효과적으로 학생들을 가르칠 수 있도록 다양한 기능과 교육 자료들을 제공합니다. 엔트리는 생각하기, 만들기, 공유하기, 커뮤니티 기능으로 이루어져 있습니다.

❶ 작품 만들기

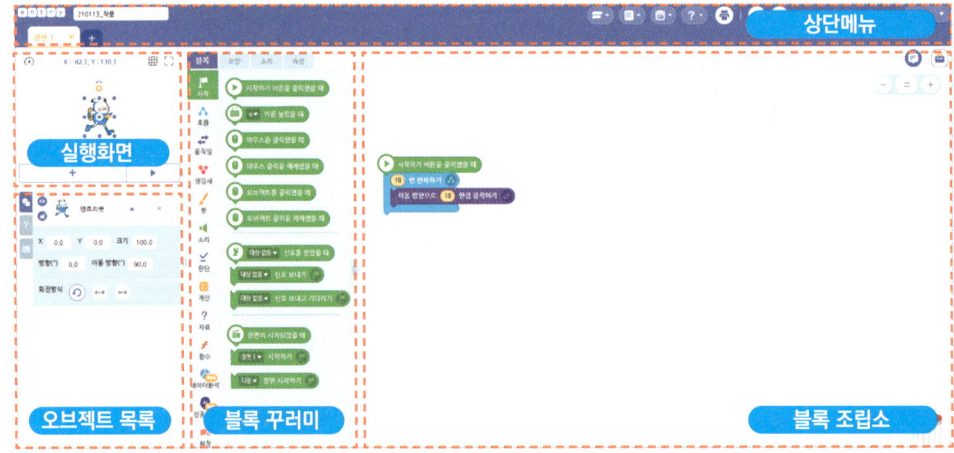

메뉴에서 [만들기] → [작품 만들기]를 누르면 엔트리 만들기 화면이 나옵니다.

2 오브젝트와 실행 화면

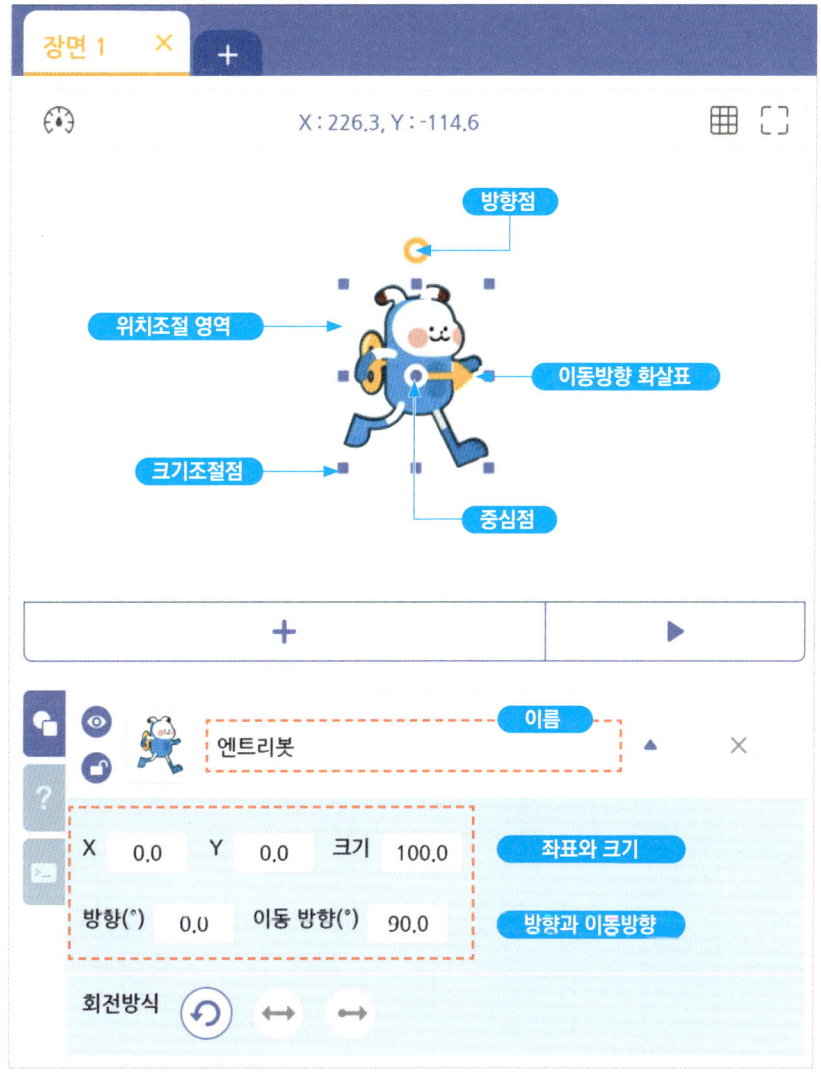

'명령을 사용해 움직일 수 있는 캐릭터, 배경그림, 글상자' 등을 오브젝트라고 합니다. 오브젝트 위의 핸들을 이용하여 이름, 위치, 크기, 방향, 이동방향, 회전방식 등을 변경할 수 있습니다. 실행 화면은 좌표를 가지고 있습니다. 가장 중앙의 좌푯값을 x=0, y=0으로 하여 x축 방향으로 -240~240, y축 방향으로 -135~135로 이루어져 있습니다. 모눈종이 버튼을 클릭하면 실행 화면의 좌표를 볼 수 있으며, 모눈종이의 한 칸은 '20'으로 이루어져 있습니다. 실행 화면 위에 마우스를 가져가면 상단에 마우스 포인터의 좌표가 나타나며, 각 오브젝트 정보에서 오브젝트 중심점의 좌표를 확인할 수 있습니다.

3 블록 꾸러미와 블록 조립소

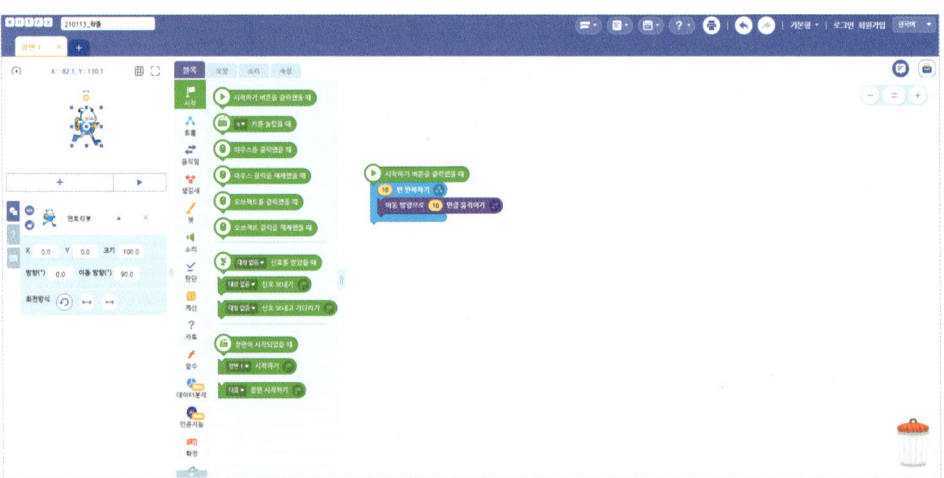

블록 꾸러미에는 오브젝트에 명령을 내릴 수 있는 다양한 블록들이 있습니다. 원하는 블록을 블록 조립소로 끌어와 조립할 수 있는데, 조립한 블록들을 '코드'라고 합니다.
블록들은 블록 꾸러미와 색깔이 같습니다. 블록을 찾고 싶을 때는 블록 꾸러미의 색깔을 보고 찾을 수 있습니다.

오브젝트를 선택하고 '시작하기' 버튼을 누르면 오브젝트가 코드의 명령에 따라 움직입니다.
블록 꾸러미와 블록 조립소, 그리고 실행 화면의 크기는 영역조절 핸들을 사용해 조절할 수 있습니다.

④ 코딩하기

코딩을 하려면 블록 꾸러미의 블록을 누른 채 블록조립소로 끌어옵니다. 그다음 블록 앞쪽의 튀어나온 부분과 홈 부분을 맞춰 붙이면 '착' 소리와 함께 코딩이 완성됩니다.

II. 배움 미션

> **배움미션_01**
>
> ### 순서대로 장면 배열하기
>
> 아이들은 엔트리 탐정에게 자기가 본 장면들을 이야기하고 있습니다.
> 아이들이 본 순서대로 장면을 나열하는 방법을 배워봅시다.

1 미션 이해하기

아이들이 사건 현장에서 본 장면입니다.

이 장면을 아이들이 본 순서대로 바꾸면 (4)-(2)-(1)-(3)이 됩니다.

2 코딩 계획 세우기

장면을 순서대로 나열하기 위한 알고리즘은 다음과 같습니다.

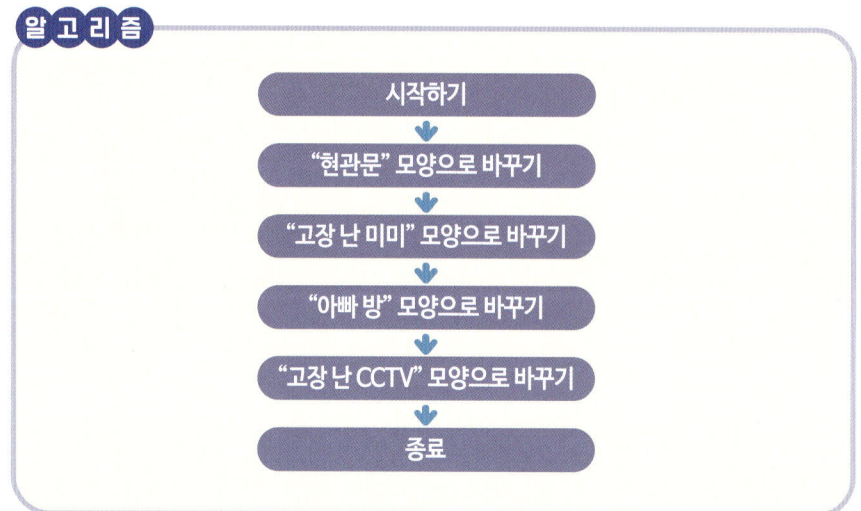

3 코딩하기

① 예제 파일 확인하기

먼저 엔트리의 스터디 공유하기에 있는 예제 파일을 확인하세요.

스터디 공유하기에서 '순서대로 장면 배열하기'로 검색하세요.

익스플로러 또는 크롬의 주소창에 아래 주소를 입력하세요.

http://m.site.naver.com/0Ckx8

스마트 기기에서 QR코드로 접속하세요.

② 코딩 준비하기

장면을 순서대로 바꾸기 위해서는 두 가지 블록이 필요합니다.

1	`현관문 ▼ 모양으로 바꾸기`	오브젝트를 선택한 모양으로 바꿀 수 있습니다.
2	`2 초 기다리기`	입력한 시간만큼 기다린 후 다음 블록을 실행합니다.

 엔트리 탐정 Tip

모양 바꾸기 블록들 사이에 를 넣으면 장면을 2초씩 보이게 할 수 있습니다.

③ 코드 만들기

장면 네 가지를 순서대로 나열하기 위해서는 모양 바꾸기 블록 4개를 사용해야 합니다.

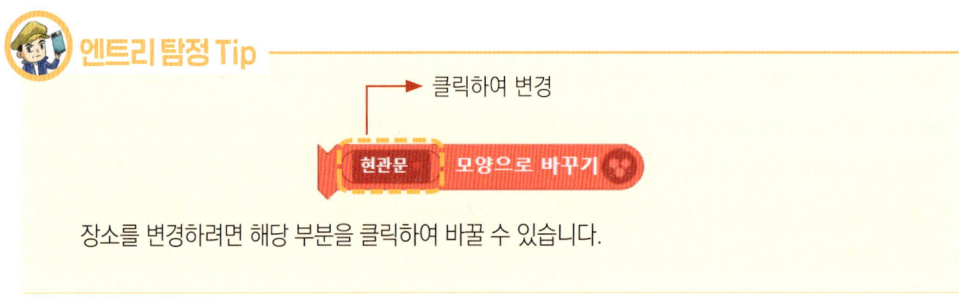

장소를 변경하려면 해당 부분을 클릭하여 바꿀 수 있습니다.

블록 4개를 사용하는 방법은 다음과 같습니다.

블록 위에서 마우스 오른쪽 버튼을 누르고 '코드복사 & 붙여넣기'를 선택하면 다음과 같이 똑같은 블록이 한 개 더 생기는 것을 볼 수 있습니다.

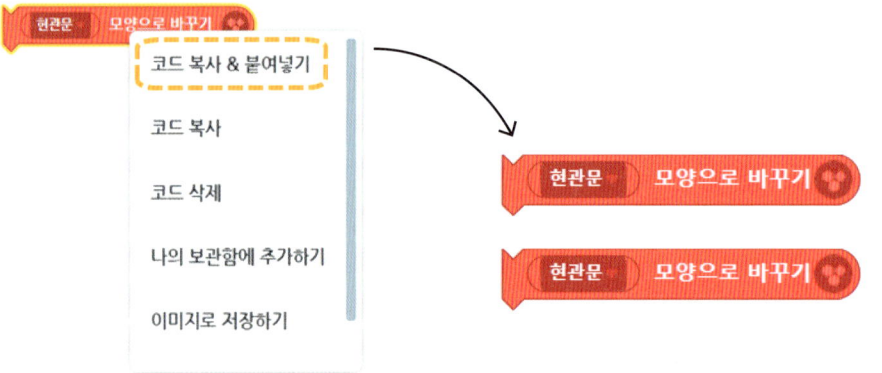

엔트리 탐정 Tip

단축키 [Ctrl + C], [Ctrl + V]로도 블록을 복사하고 붙여넣을 수 있습니다.

이와 같은 방법으로 '2초 기다리기' 블록도 복사하여 모양 바꾸기 블록들 사이에 넣어줍니다. 그 다음 현관문 → 고장 난 미미 → 아빠 방 → 고장 난 CCTV 순서로 코딩합니다.

완성된 코드는 다음과 같습니다.

④ 실행하기

완성한 코드를 실행하면 2초 간격으로 4개의 장면이 보입니다.

> **배움미션_02**
> ## 사라진 물건 찾기
> 아이들은 아빠 방에서 사라진 물건을 찾아야 합니다. 엔트리를 이용해서 기존의 CCTV 장면과 달라진 부분을 찾는 방법을 배워봅시다.

1 미션 이해하기

어제 찍힌 아빠 방 CCTV 화면과 오늘 아빠 방의 모습입니다.

돋보기를 코딩하여 원하는 물체를 클릭하면 기존의 CCTV 화면과 비교하여 달라진 부분을 알려주도록 만들어야 합니다.

2 코딩 계획 세우기

기존의 CCTV 사진과 비교하여 달라진 부분을 쉽게 찾을 수 있는 알고리즘은 다음과 같습니다.

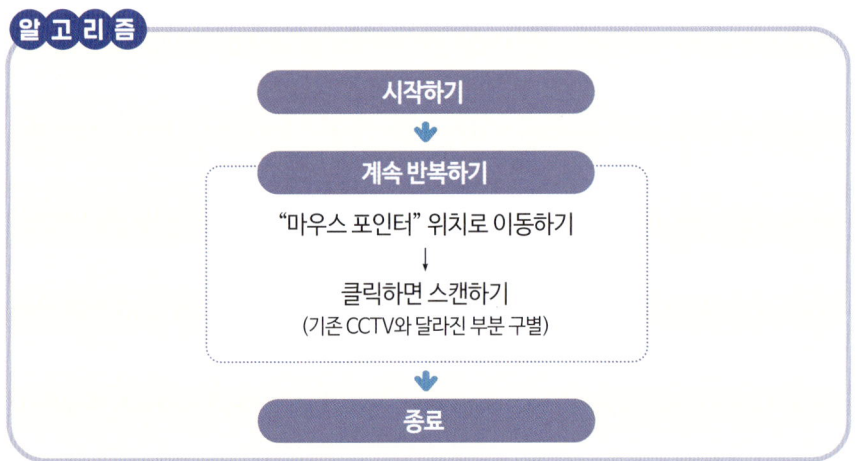

3 코딩하기

① 예제 파일 확인하기
먼저 엔트리의 스터디 공유하기에 있는 예제 파일을 확인하세요.

방법 01
스터디 공유하기에서 '사라진 물건 찾기'로 검색하세요.

방법 02
익스플로러 또는 크롬의 주소창에 아래 주소를 입력하세요.
http://m.site.naver.com/0Ckxi

방법 03
스마트 기기에서 QR코드로 접속하세요.

② 코딩 준비하기
기존 CCTV 사진과 비교하여 달라진 부분을 알려줄 수 있도록 코딩하기 위해서는 세 가지 블록이 필요합니다.

1	마우스포인터 ▼ 위치로 이동하기	오브젝트가 선택한 오브젝트 또는 마우스 포인터의 위치로 이동합니다.
2	클릭하면 스캔하기	기존 CCTV와 비교하여 달라진 부분을 구별할 수 있도록 미리 블록을 조립해두었습니다.
3	계속 반복하기	감싸고 있는 블록들을 계속해서 반복 실행합니다.

 엔트리 탐정 Tip

'계속 반복하기' 블록을 넣지 않으면 시작 후 돋보기가 마우스 포인터 위치로 잠깐 이동했다가 멈추며, 물체도 한 번만 클릭하여 스캔할 수 있습니다.

③ 코드 만들기

'돋보기' 오브젝트를 선택하여 다음과 같이 '마우스포인터 위치로 이동하기' 블록을 만듭니다.

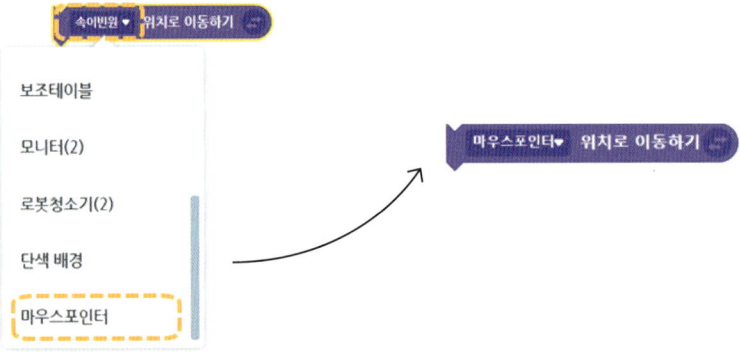

그다음 '클릭하면 스캔하기' 블록을 아래와 같이 연결합니다.

연결한 블록을 '계속 반복하기' 블록 사이에 끼워 돋보기가 마우스를 따라다니며 원하는 물체를 지속적으로 스캔할 수 있도록 합니다.

완성된 코드는 다음과 같습니다.

④ 실행하기

완성한 코드로 엔트리 화면에서 돋보기로 만년필을 클릭하면 다음과 같이 실행됩니다.

만년필을 클릭하면 오브젝트 위에 동그라미가 나타납니다. 따라서 어제 CCTV 화면과 비교하여 달라진 부분은 만년필입니다.

배움미션_03
하나의 단서로 범인 찾기

아이들은 스마트 카 블랙박스를 통해 범인이 입고 있던 옷이 짙은 색 롱코트라는 것을 알아냈습니다. 엔트리를 이용해서 주변 CCTV에 찍힌 사람 중 코트를 입은 사람만 쉽게 골라낼 방법을 배워봅시다.

1 미션 이해하기

AID가 주변 CCTV에 찍힌 모든 사람을 모았습니다.

이들 중 코트를 입은 사람만 골라낼 수 있도록 만들어야 합니다.

2 코딩 계획 세우기

코트를 입은 사람만 골라낼 수 있는 알고리즘은 다음과 같습니다.

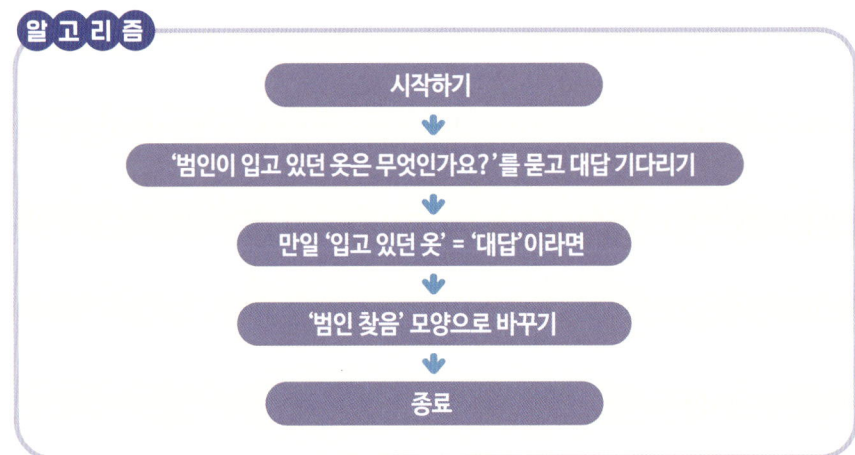

③ 코딩하기

① 예제 파일 확인하기

먼저 엔트리의 스터디 공유하기에 있는 예제 파일을 확인하세요.

 방법 01
스터디 공유하기에서 '하나의 단서로 범인 찾기'로 검색하세요.

 방법 02
익스플로러 또는 크롬의 주소창에 아래 주소를 입력하세요.

http://m.site.naver.com/0Ckxn

방법 03
스마트 기기에서 QR코드로 접속하세요.

② 코딩 준비하기

코트를 입은 사람을 골라내기 위해서는 네 가지 블록이 필요합니다.

1	범인이 입고 있던 옷은 무엇인가요? 을(를) 묻고 대답 기다리기	해당 오브젝트가 입력한 문자를 말풍선으로 묻고, 대답을 입력받습니다(이 블록이 실행되면 실행 화면에 '대답'이 생성됩니다).
2	만일 참 (이)라면	만일 판단이 참이면, 감싸고 있는 블록들을 실행합니다.
3	입고 있던 옷 ▼ 값 = 대답	왼쪽의 값과 오른쪽 값이 같으면 '참'으로 판단합니다.
4	범인 찾음.png ▼ 모양으로 바꾸기	오브젝트를 선택한 모양으로 바꿉니다.

③ 코드 만들기

'입고 있던 옷 값' 블록과 '대답' 블록을 '○ = ○' 블록의 노란 칸에 넣어 아래와 같이 블록을 만듭니다.

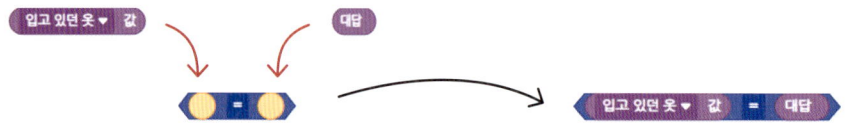

그리고 '입고 있던 옷 값 = 대답' 블록을 '참' 칸에 넣으면 아래와 같이 만들 수 있습니다.

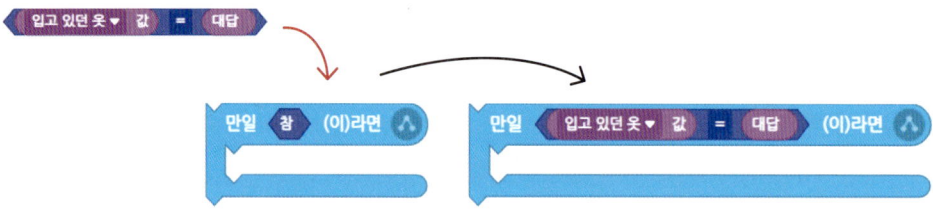

'범인 찾음 모양으로 바꾸기' 블록을 '만일 ~ 이라면' 블록 사이에 넣어 '대답'이 코트일 때 코트만 입은 범인만 남도록 합니다.

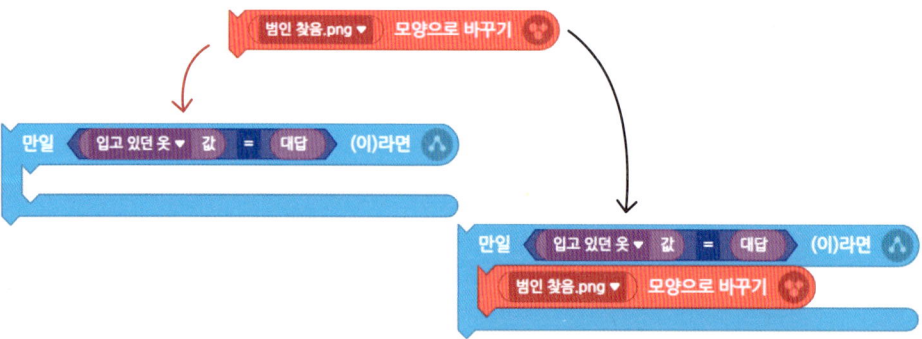

마지막으로 '범인이 입고 있던 옷은 무엇인가요?를 묻고 대답 기다리기' 블록과 연결합니다.

완성된 코드는 다음과 같습니다.

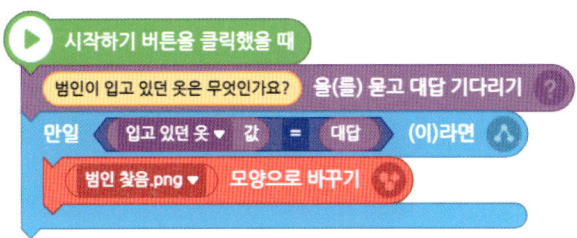

④ 실행하기

완성한 코드로 엔트리에서 실행되는 장면은 다음과 같습니다. 대답에 '코트'를 입력하면 코트를 입은 범인만 화면에 남습니다.

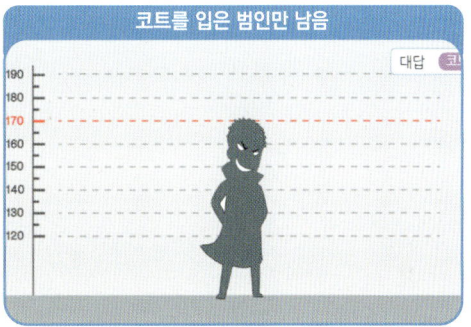

Ⅲ. 도전 미션

도전미션_01

긴급 대피 방송 만들기

인공지능은 빠르게 진화하여 이제는 사람과 대화를 나눌 정도입니다. 그러면 사람처럼 안내방송을 하는 프로그램을 엔트리로 만들 수 있을까요? 첫 번째 코딩 미션에 도전해 보세요.

1 미션 이해하기

엔트리에는 입력한 문자를 목소리로 읽어주는 블록이 있습니다. 이 블록을 활용하여 긴급 대피 방송 프로그램을 만들어봅시다.

2 코딩 계획 세우기

긴급 대피 방송을 위한 알고리즘을 만들어봅시다.

① 방송하기 알고리즘

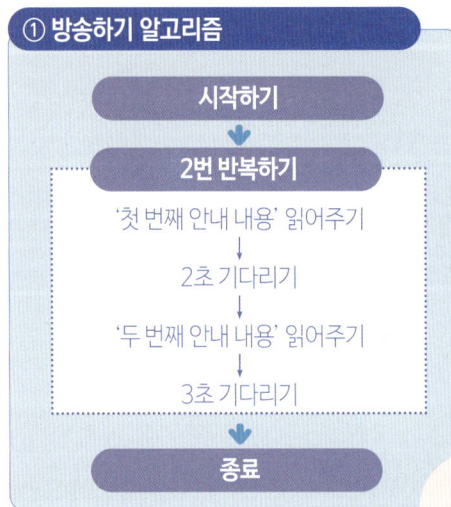

② 경보음 재생 알고리즘

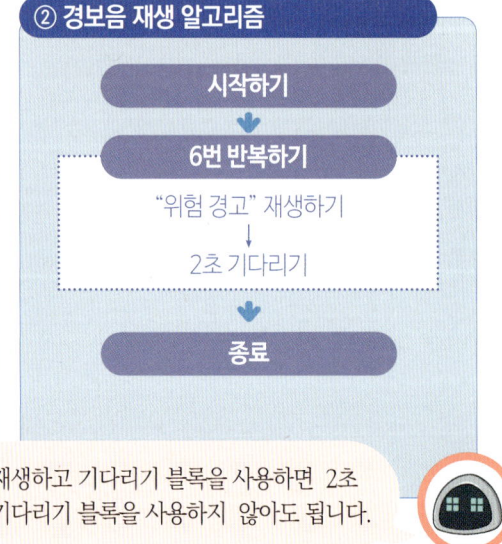

재생하고 기다리기 블록을 사용하면 2초 기다리기 블록을 사용하지 않아도 됩니다.

③ 코딩하기

① 예제 파일 확인하기

방법 01
스터디 공유하기에서 '긴급 대피 방송'으로 검색하세요.

방법 02
익스플로러 또는 크롬의 주소창에 아래 주소를 입력하세요.

http://m.site.naver.com/0Ckxs

방법 03
스마트 기기에서 QR코드로 접속하세요.

② 코딩 준비하기

장면을 순서대로 바꾸기 위해서는 두 가지 블록이 필요합니다.

인공지능 블록 불러오기　

블록 꾸러미에서 [인공지능] - [인공지능 블록 불러오기]를 선택하여 [읽어주기] 블록을 추가합니다. 인공지능 블록에서는 번역, 비디오 감지, 오디오 감지, 읽어주기 기능을 제공합니다. 읽어주기 블록을 사용하기 위해서는 컴퓨터에 스피커가 연결되어 있어야 합니다(인공지능 블록은 인터넷에 연결되어 있어야 정상적으로 동작합니다).

소리 블록 가져오기　

소리 탭에서 소리를 추가합니다. '위험 경고'로 검색하면 쉽고 빠르게 찾을 수 있습니다.

③ 코드 만들기

"지금 화재가 발생했습니다.", "신속히 대피해주시기 바랍니다."라는 두 문장을 차례로 읽어주고, 동시에 '위험 경고' 소리가 6번 반복되도록 코드를 만들어보세요.

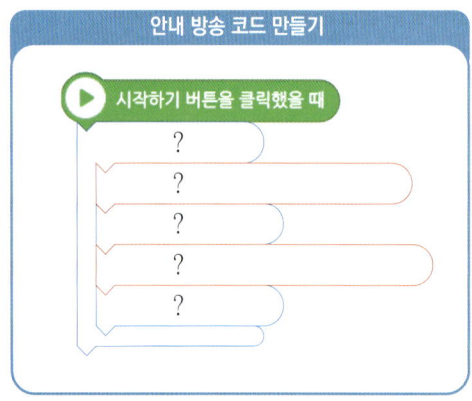

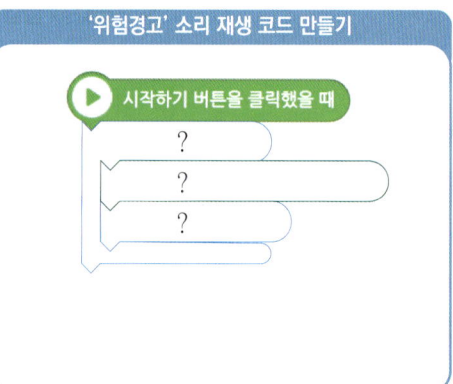

소리 재생하기 블록 대신 소리 1초 재생하기, 소리 재생하고 기다리기 블록을 사용할 수 있습니다. 재생하기 블록과 차이점을 찾아보세요.

④ 실행 및 디버깅하기

프로그램을 실행시켜 코딩 미션 결과를 확인해보세요.

이럴 땐 이렇게!

Q 안내 문구나 위험 경고 소리가 재생되지 않아요.

A1 읽어주기 확장 블록을 사용하고 있는지 확인해보세요

A2 '위험경고' 소리를 추가했는지 확인해주세요.

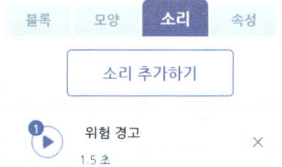

Q 안내 멘트가 겹쳐서 들려요.

A1 읽어주기 블록 아래에 모두 기다리기 블록을 조립하고 시간을 수정해보세요.

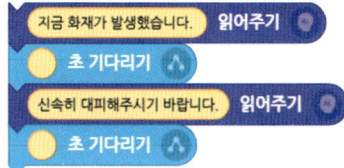

Q 위험 경고 소리가 이상해요.

A1 기다리기 블록을 사용했는지 확인해보세요.

A2 '재생하고 기다리기' 블록을 사용하면 기다리기 블록을 사용하지 않아도 됩니다.

도전미션_02

화재진압시스템 오류 수정

N로봇 연구소의 화재진압장치가 코드블랙의 해킹으로 작동이 중지되었습니다. 프로그램의 오류 발생 시 이를 수정하는 과정을 디버깅이라고 합니다. 디버깅을 통해 화재진압장치를 고칠 수 있을까요?
두 번째 코딩 미션에 도전해 보세요.

1 미션 이해하기

코드블랙의 해킹으로 N로봇연구소의 화재진압장치에 오류가 생겼습니다. 연구소의 온도가 50℃ 이상이면 화재진압장치에서 압축 이산화탄소를 뿌릴 수 있도록 코드를 완성하여 봅시다.

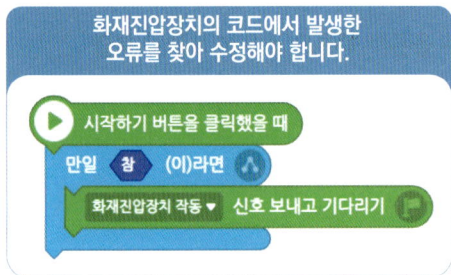

화재진압장치의 코드에서 발생한 오류를 찾아 수정해야 합니다.

'화재진압장치 작동' 신호를 받았을 때 압축 이산화탄소가 뿜어져 불이 꺼지도록 코드를 완성해야 합니다.

2 코딩 계획 세우기

긴급 대피 방송을 위한 알고리즘을 만들어봅시다.

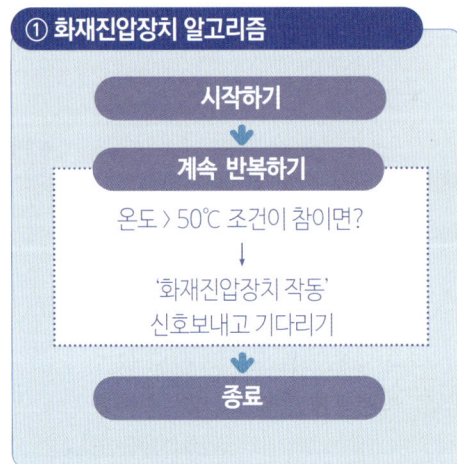

① 화재진압장치 알고리즘
시작하기 → 계속 반복하기 → 온도 > 50℃ 조건이 참이면? → '화재진압장치 작동' 신호보내고 기다리기 → 종료

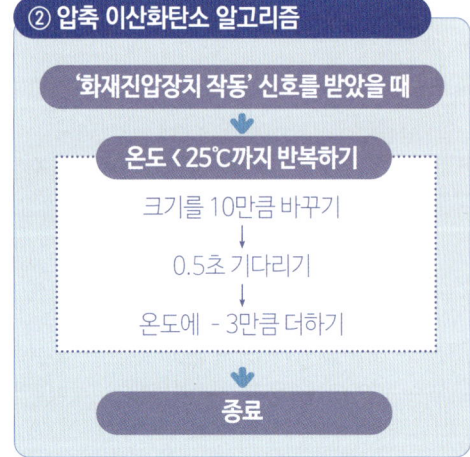

② 압축 이산화탄소 알고리즘
'화재진압장치 작동' 신호를 받았을 때 → 온도 < 25℃까지 반복하기 → 크기를 10만큼 바꾸기 → 0.5초 기다리기 → 온도에 -3만큼 더하기 → 종료

3 코딩하기

① 예제 파일 확인하기

방법 01
스터디 공유하기에서 '화재진압시스템'으로 검색하세요.

방법 02
익스플로러 또는 크롬의 주소창에 아래 주소를 입력하세요.

http://m.site.naver.com/0Ckxv

방법 03
스마트 기기에서 QR코드로 접속하세요.

② 코딩 준비하기

각 오브젝트를 선택하여 오류 코드를 확인하세요.

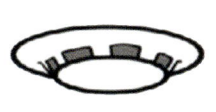
화재진압장치 오브젝트

오류 내용 : 조건과 반복 블록이 빠져있습니다.

압축 이산화탄소 오브젝트

오류 내용 : 블록이 올바르게 조립되지 않고 흩어져 있습니다.

'온도 값'은 변수 블록입니다. 변수는 특정한 값을 저장하는 공간으로서 프로그램이 실행되는 동안 변수에 다른 값을 입력하면 변수의 값도 바뀌게 됩니다.

③ 코드 만들기

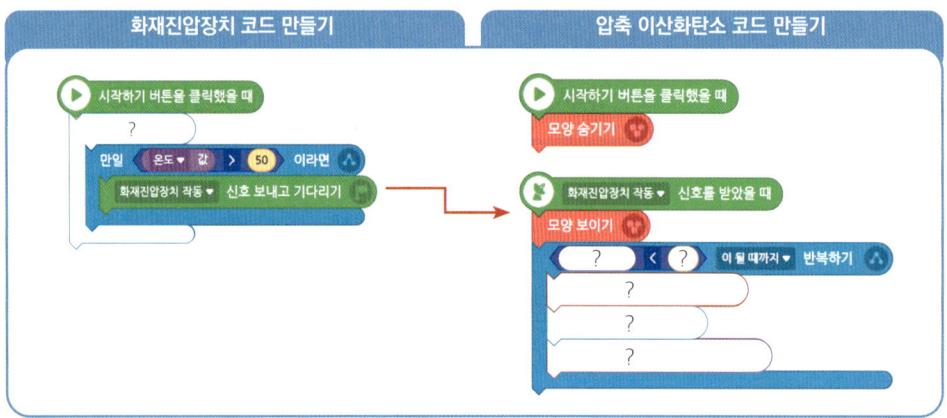

압축 이산화탄소 오브젝트는 프로그램 실행 시 모양을 숨겼다가 화재진압장치 작동 신호를 받았을 때 모양을 보이면서 불을 끄기 위한 코드를 실행합니다.

④ 실행 및 디버깅하기

프로그램을 실행시켜 코딩 미션 결과를 확인해보세요.

미션 성공 장면
로봇연구소의 화재를 성공적으로 진압하였습니다.

미션 실패 장면
로봇연구소에 불길이 아직 남아있습니다.
다시 한번 도전해보세요.

이럴 땐 이렇게!

Q '압축 이산화탄소' 오브젝트가 나타나지 않아요.

A1 '화재진압장치' 오브젝트를 선택하여 계속 반복하기 블록을 사용하였는지 확인해보세요.

화재진압장치 오브젝트

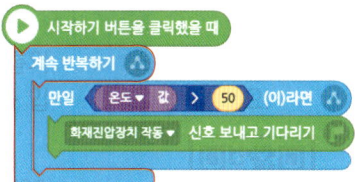

A2 압축 이산화탄소 오브젝트를 선택하여 '모양 보이기', '크기 바꾸기' 블록을 바르게 조립했는지 확인해보세요.

압축 이산화탄소 오브젝트

← 신호를 받았을 때 오브젝트가 나타납니다.

← 반복하는 동안 오브젝트의 크기가 점점 커집니다.

Q 온도가 낮아지지 않고 계속 높아져요.

A1 '온도 -3만큼 더하기' 블록과 '기다리기' 블록을 확인해보세요.

압축 이산화탄소 오브젝트

← 0.5초 간격으로 온도값을 3씩 감소시킵니다.

119

도전미션_03

위치추적시스템 만들기

GPS(위치 파악 시스템)는 지도나 내비게이션 등 다양한 분야에 활용되고 있습니다. GPS에서 위치를 알려주는 것처럼 여러분도 엔트리로 코드블랙의 실시간 위치를 파악할 수 있을까요? 세 번째 코딩 미션에 도전해보세요.

1 미션 이해하기

코드블랙이 훔쳐 달아난 만년필에는 GPS가 내장되어 있습니다. 만년필에서 보내는 위치 신호를 바탕으로 코드블랙의 위치 좌표를 나타내는 프로그램을 만들어봅시다.

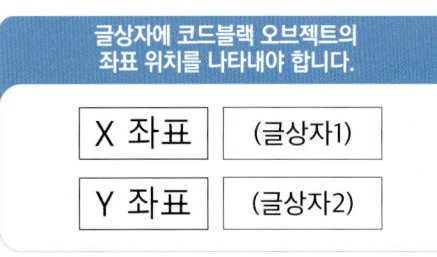

글상자에 코드블랙 오브젝트의 좌표 위치를 나타내야 합니다.

X 좌표 (글상자1)
Y 좌표 (글상자2)

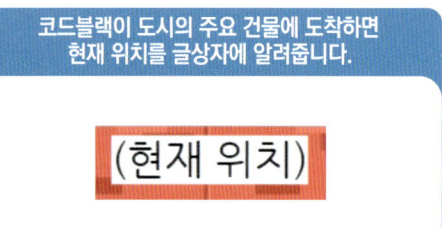

코드블랙이 도시의 주요 건물에 도착하면 현재 위치를 글상자에 알려줍니다.

(현재 위치)

'코드블랙' 오브젝트는 키보드 방향키로 움직이도록 미리 코딩되어 있어요.

2 코딩 계획 세우기

코드블랙의 위치를 파악할 수 있는 프로그램의 알고리즘을 만들어봅시다.

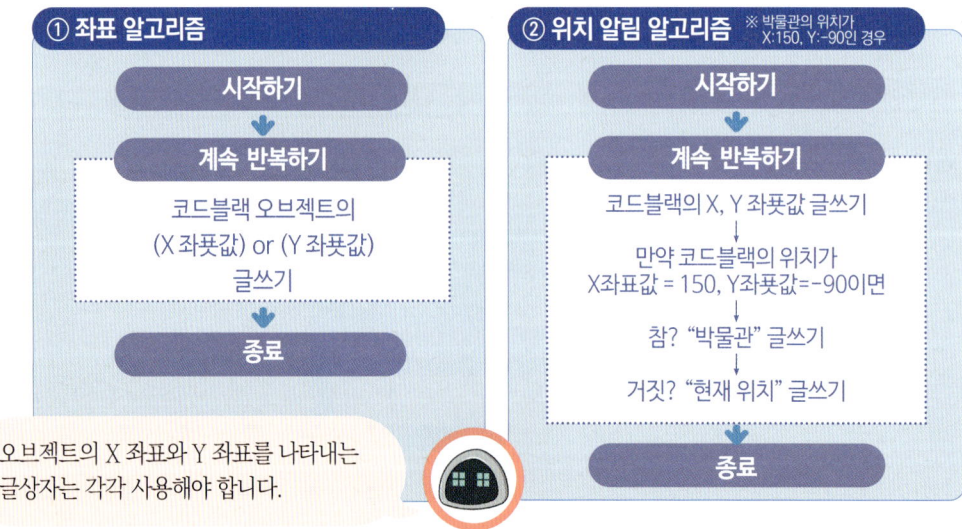

① 좌표 알고리즘

시작하기
↓
계속 반복하기
코드블랙 오브젝트의
(X 좌푯값) or (Y 좌푯값)
글쓰기
↓
종료

오브젝트의 X 좌표와 Y 좌표를 나타내는 글상자는 각각 사용해야 합니다.

② 위치 알림 알고리즘 ※박물관의 위치가 X:150, Y:-90인 경우

시작하기
↓
계속 반복하기
코드블랙의 X, Y 좌푯값 글쓰기
↓
만약 코드블랙의 위치가
X좌표값 = 150, Y좌표값=-90이면
↓
참? "박물관" 글쓰기
거짓? "현재 위치" 글쓰기
↓
종료

3 코딩하기

① 예제 파일 확인하기

방법 01
스터디 공유하기에서 '위치 추적 시스템'으로 검색하세요.

방법 02
익스플로러 또는 크롬의 주소창에 아래 주소를 입력하세요.

http://m.site.naver.com/0CkxB

방법 03
스마트 기기에서 QR코드로 접속하세요.

② 코딩 준비하기

X 좌푯값, Y 좌푯값, 현재 위치를 각각 나타내기 위해 글상자를 2개 만들어야 합니다.

1. 오브젝트 추가하기에서 글상자 선택

2. 내용 입력 후 적용하기
X 좌푯값, Y 좌푯값을 나타낼 글상자는 내용을 '0'으로 입력합니다.

3. 글상자 배치하기
2개의 글상자를 각각 적당한 위치에 배치하고 크기를 조절합니다.

③ 코드 만들기

[글상자1~2]에 코드블랙 오브젝트의 X 좌푯값과 Y 좌푯값이 각각 나타날 수 있도록 블록을 조립해보세요.

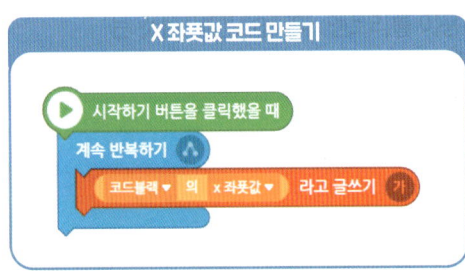
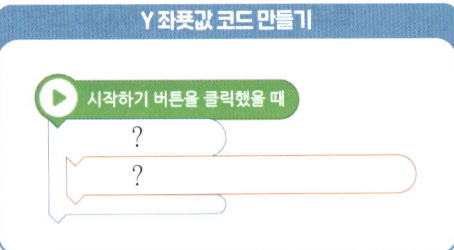

X 좌푯값 코드를 참고하여 Y 좌푯값 코드를 완성해보세요.

[글상자_현재 위치]에는 코드블랙의 좌푯값이 X:150, Y:-90이면 '박물관'이라고 글쓰기를 하도록 블록을 조립해보세요.

코드블랙이 X:150, Y:-90 좌표에 도착했는지 확인하려면 '그리고' 판단 블록을 사용할 수 있습니다. 이 블록은 두 가지의 조건이 모두 참인 경우에만 '참'으로 판단합니다.

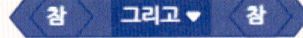

🕵 엔트리 탐정 Tip

먼저 '좌푯값' 블록과 '비교' 블록으로 코드블랙의 X좌푯값이 150인지 판단하는 블록을 완성한 뒤 '그리고' 블록에 조립합니다.

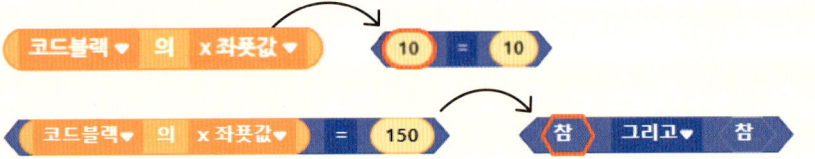

④ 실행 및 디버깅하기

프로그램을 실행시켜 코딩 미션 결과를 확인해보세요.
※ [코드블랙] 오브젝트는 키보드 방향키로 움직일 수 있습니다.

미션 성공	미션 실패
코드블랙의 위치가 나타나는 AID의 화면을 보고 타미, 정이, 준이가 기뻐합니다.	코드블랙의 위치가 파악되지 않고 있습니다. 다시 한번 도전해 보세요.

🖐 이럴 땐 이렇게!

Q 글쓰기 블록이 보이지 않아요.

A1 글쓰기 블록은 글상자 오브젝트를 선택했을 때에만 나타납니다.

[글상자]를 선택한 경우
글상자 블록 꾸러미가 나타납니다.

일반 오브젝트를 선택한 경우
붓 블록 꾸러미가 나타납니다.

Q [코드블랙] 오브젝트가 박물관에 도착했는데 글상자에 '박물관'이라고 나타나지 않아요.

A1 판단 블록에 좌푯값이 올바르게 적혀 있는지 확인해보세요.

 = 그리고  =

코드블랙 ▼ 의 x 좌푯값 ▼ = 150 그리고 코드블랙 ▼ 의 y 좌푯값 ▼ = -90

Maker space

마이크로비트 화재경보기 만들기

화재가 발생하면 아주 큰 인명피해가 발생할 수 있습니다. 연구소 시스템이 해킹되더라도 사람들에게 화재를 알려줄 방법이 있을까요? 마이크로비트 화재경보기를 만들어 소중한 생명을 구해봅시다.

1 미션 이해하기

'엔트리 하드웨어 - 마이크로비트' 블록 꾸러미에는 마이크로비트를 코딩할 수 있는 다양한 블록이 있습니다. 필요한 블록을 선택하여 화재경보기 프로그램을 만들어봅시다.

불이 나지 않은 상황에서는 행복함 아이콘이 나타납니다.

불이 나면 'Fire!' 메시지와 사이렌 소리를 출력합니다.

2 코딩 계획 세우기

긴급 대피 방송을 위한 알고리즘을 만들어봅시다.

① 화재경보기 알고리즘

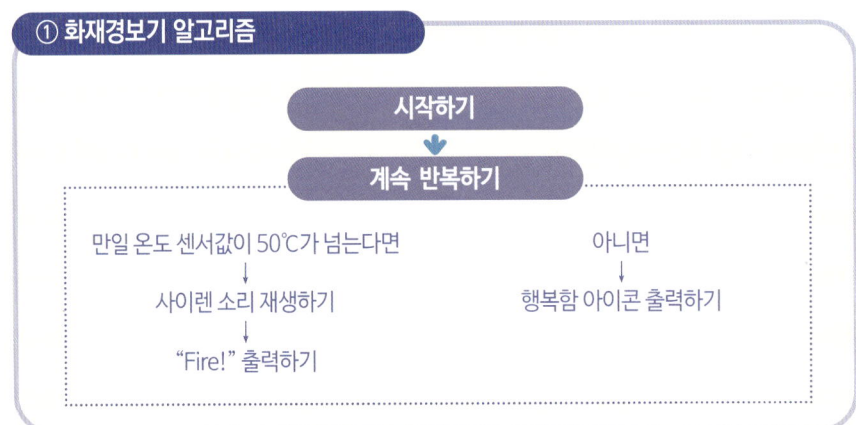

③ 코딩하기

① 예제 파일 확인하기

방법 01
스터디 공유하기에서 '화재경보기 만들기'로 검색하세요.

방법 02
익스플로러 또는 크롬의 주소창에 아래 주소를 입력하세요.

http://m.site.naver.com/0CkxJ

방법 03
스마트 기기에서 QR코드로 접속하세요.

② 코딩 준비하기

마이크로비트 - 엔트리 연결하기
마이크로비트를 활용하려면 먼저 컴퓨터와 연결이 필요합니다. 마이크로비트 사이트에서 블록, 파이선, 자바 등 다양한 코딩 언어를 사용할 수 있습니다. 우리는 그 중 엔트리를 활용합니다. 아래 그림을 보며 차근차근 따라해보세요.

1	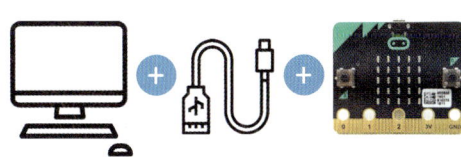	USB를 이용해 마이크로비트와 컴퓨터 연결하기
2	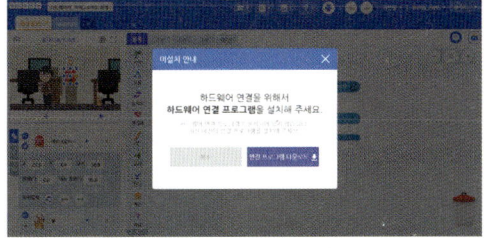	'작품 만들기'-'하드웨어' - '연결프로그램 다운로드' 후 설치

125

3	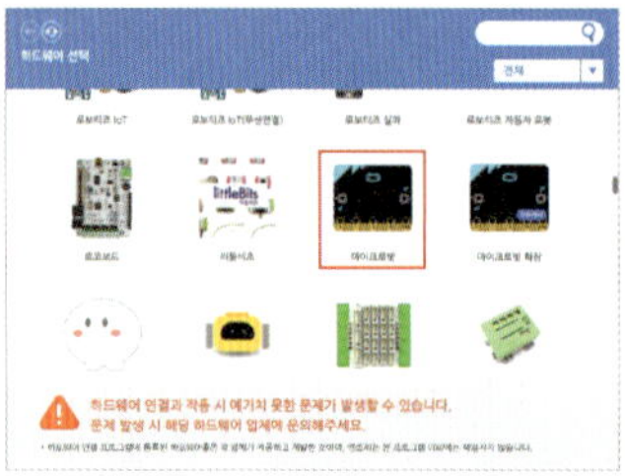	'연결 프로그램 열기' – '마이크로빗' 선택하기
4	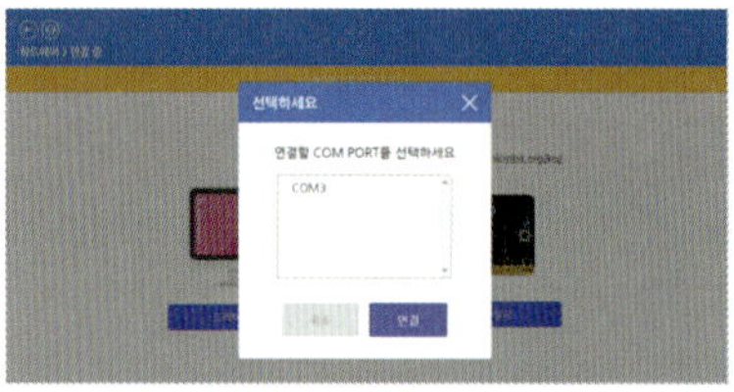	연결 프로그램에서 COMPORT 선택하기
5	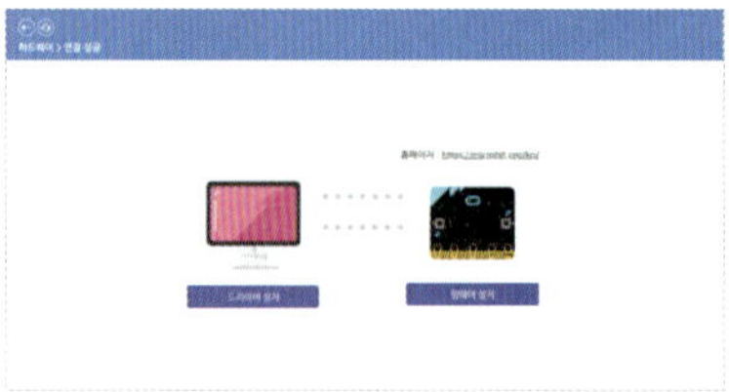	드라이버 설치하기
6	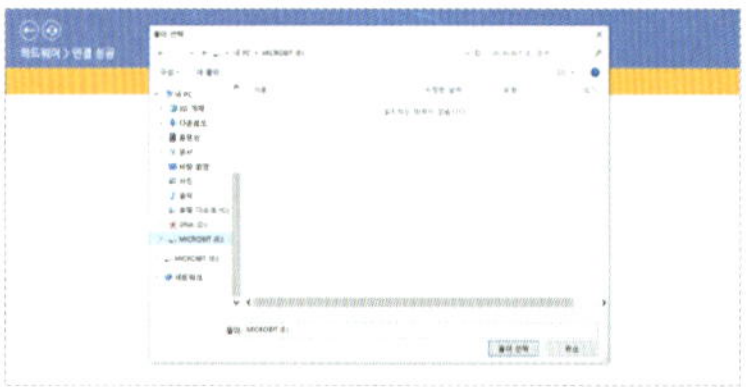	MICROBIT (E:) 폴더에 펌웨어 설치하기
7	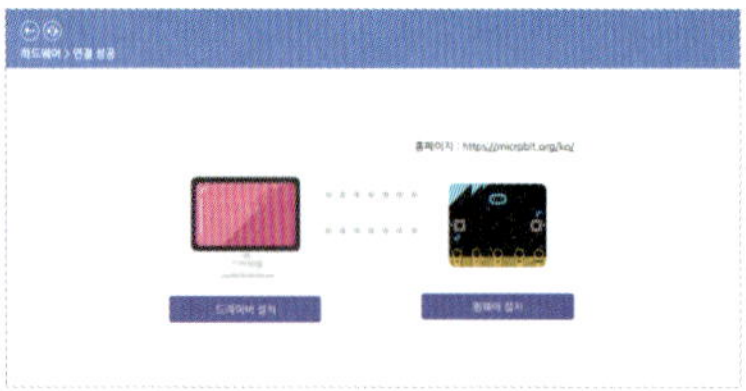	'하드웨어 > 연결 성공' 확인하기

마이크로비트 – 엔트리 연결 성공!
연결에 성공했다면 엔트리 하드웨어 프로그램을 닫지 말고 최소화 버튼( )을 눌러야 합니다. 종료(×)를 누르면 처음부터 다시 실행해야 하죠. 만일 연결이 되지 않는다면 ① USB를 다른 곳에 꽂아보기, ② 드라이버, 펌웨어를 설치하고 컴퓨터를 다시 시작하기, ③ 1단계부터 다시 시작해보세요.

엔트리 탐정 Tip

- **엔트리 하드웨어 블록**

  엔트리 프로그램에 하드웨어 장치를 연결하면 장치에 따라 다양한 종류의 블록을 확인하고, 원하는 블록을 추가하여 사용할 수 있습니다. '엔트리 하드웨어-마이크로비트' 블록 꾸러미에는 〈Hello! 출력하기〉 등 14종의 새로운 블록을 지원합니다.

  마이크로비트 확장 블록은 마이크로비트가 연결된 상태에서만 사용할 수 있습니다.

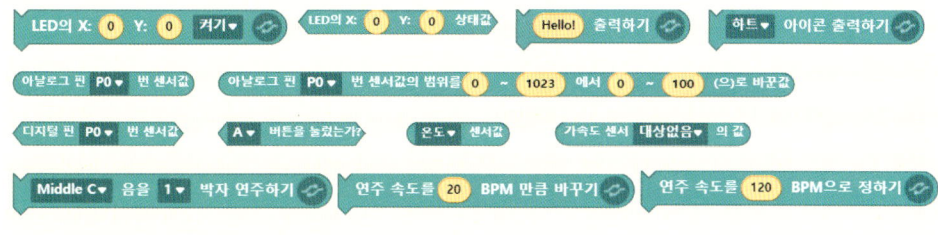

- **소리 가져오기**

  소리 탭에서 소리를 추가합니다. '사이렌 소리'로 검색하면 쉽고 빠르게 찾을 수 있습니다.

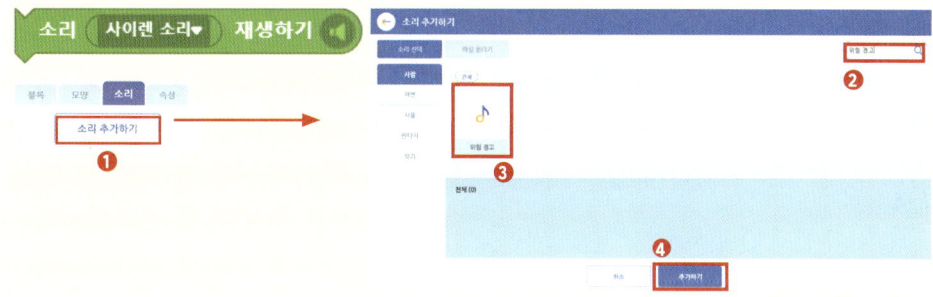

③ **코드 만들기**

온도가 50℃보다 높으면 사이렌 소리와 Fire! 메시지를 띄우고, 아니면 행복함 아이콘을 출력하도록 코드를 만들어보세요.

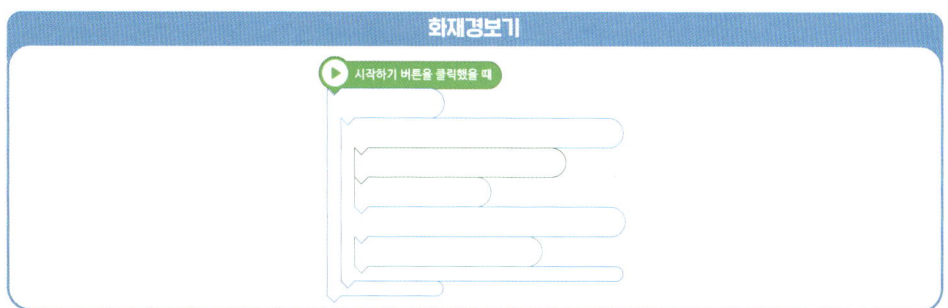

4 실행 및 디버깅하기

프로그램을 실행시켜 코딩 미션 결과를 확인해보세요.

기준 온도보다 낮은 상황(평상시)

마이크로비트에 행복함 아이콘 출력

기준 온도보다 높은 상황(화재 발생 시)

사이렌 소리와 마이크로비트에 Fire! 메시지 출력

이럴 땐 이렇게!

Q 불이 난 상황에 어떻게 작동하는지 확인하려면?

A1 판단 기준 온도(50℃)를 실내온도보다 낮게 설정합니다. 실내 환경의 경우 판단 기준온도를 20℃로 바꾸면 평소에도 화재 상황으로 인식합니다.

`온도 ▼ 센서값 > 20`

Q 마이크로비트가 작동되지 않아요.

A1 **하드웨어 연결에 문제가 발생한 경우 :** 하드웨어 연결프로그램이 켜져 있는지, 마이크로비트가 USB 포트에 잘 연결되어 있는지 확인합니다.

A2 **코딩에 오류가 있는 경우 :** '계속 반복하기' 블록을 알맞게 활용했는지 확인합니다. '계속 반복하기' 블록을 사용하지 않으면 프로그램을 실행했을 때 온도 센서 값이 50보다 큰지 작은지 한번만 확인하고 프로그램이 종료됩니다. 그래서 마이크로비트가 작동되지 않는 것처럼 보일 수 있습니다.

다음 블록들 안에 내용과 조건에 들어가는 개수를 바꾸어 가며 자신만의 화재 경보기를 만들어봅시다.